CATALOGUE

DE

AQUARELLES ET DESSINS MODERNES

PARMI LESQUELS

Vingt et une Aquarelles

PAR

GIACOMELLI

ET AUTRES PAR

Bodmer, Daubigny, Delacroix, Jacque, Millet

Monnier, Morin, Raffet, etc.

DONT LA VENTE AURA LIEU

HOTEL DROUOT — SALLE N° 7

Le Mardi 17 Avril 1894

A TROIS HEURES

COMMISSAIRE-PRISEUR	EXPERT
Mᵉ Léon TUAL	**M. Eug. FÉRAL**, Peintre
Rue de la Victoire, 56	*Faubourg Montmartre, 54*

CHEZ LESQUELS SE TROUVE LE PRÉSENT CATALOGUE

EXPOSITION PUBLIQUE

Le Lundi 16 Avril 1894, de 1 heure à 5 heures 1/2

PARIS — 1894

CONDITIONS DE LA VENTE

—

Elle sera faite au comptant.

Les Acquéreurs paieront CINQ POUR CENT en sus des enchères.

A MAULDE et Cie, imprimeurs de la Compagnie des Commissaires-Priseurs,
rue de Rivoli, 144.   6oo—4I3oI

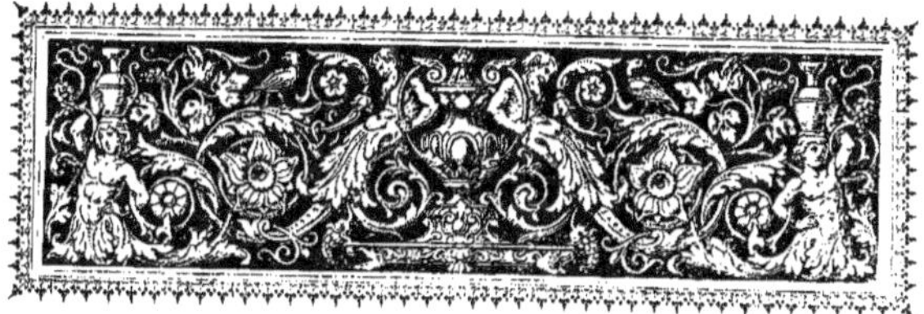

AQUARELLES ET DESSINS

—

BODMER (Karle)

Fraissinet   80   1 — *La Vision de Saint Hubert.*

Dessin à la sépia.

H. 0ᵐ47. L. 0ᵐ32.

BODMER (Karle)

Feral   30   2 — *L'Abreuvoir.*

Crayon noir rehaussé de blanc.

H. 0ᵐ31. L. 0ᵐ24.

BODMER (Karle)

Feral   50   3 — *Canards surpris par un Renard.*

Aquarelle.

H. 0ᵐ21. L. 0ᵐ15.

166

BODMER (Karle)

166

Fraisinet *50* 4 — *Cerf sous bois.*

Crayon et encre de Chine.

H. 0m29. L. 0m23.

BODMER (Karle)

Féral *135* 5 — *Biche au bord d'un cours d'eau.*

Fusain rehaussé.

H. 0m29. L. 0m20.

BONVIN (Léon)

Morel *90* 6 — *Fleurs dans un verre.*
4 Rue Béranger

Aquarelle.

H. 0m29. L. 0m25.

DAUBIGNY (Charles)

Dolfus *280* 7 — *La Mare.*
35 Rue bienne Chasson

Aquarelle.

H. 0m22. L. 0m28.

DAUBIGNY (Charles)

Meyer *185* 8 — *L'Abreuvoir.*

Dessin au bistre.

H. 0m21. L. 0m28.

906

DAUBIGNY (Charles)

9 — *Frontispice pour la Société des Aquafor-*
tistes.

Plume et lavis.

H. 0m32. L. 0m24.

DELACROIX (Eugène)

10 — *Cavaliers arabes et Têtes de lions.*

Crayon et sépia.

Deux dessins.

H. 0m00. L. 0m00.

DIAZ (Attribué à N.)

11 — *Sous Bois.*

Encre de Chine.

H. 0m22. L. 0m32.

GIACOMELLI

12 — *Mésanges bleues sur des branches.*

Aquarelle gouachée.

H. 0m34. L. 0m26.

GIACOMELLI

13 — *Fauvette sur son nid.*

Gouache.

H. 0m29. L. 0m21.

GIACOMELLI

310[f] 14 — *Jeunes Fauvettes sortant de leur nid.*

Aquarelle.

H. 0^m26. L. 0^m20.

GIACOMELLI

240[f] 15 — *Jeunes Fauvettes quittant leur nid.*

Aquarelle.

H. 0^m26. L. 0^m20.

GIACOMELLI

330 16 — *Sur la Défensive.*

Aquarelle.

H. 0^m26. L. 0^m20.

GIACOMELLI

365 17 — *Une Brochette de petits oiseaux.*

Aquarelle.

H. 0^m21. L. 0^m08.

GIACOMELLI

280 18 — *Couple de Bouvreuils.*

Aquarelle gouachée.

H. 0^m36. L. 0^m20.

GIACOMELLI

19 — *Couple de Chardonnerets.*

Aquarelle gouachée.

H. 0ᵐ35. L. 0ᵐ23.

GIACOMELLI

20 — *Rouge-Gorge quittant son nid.*

Aquarelle gouachée.

H. 0ᵐ34. L. 0ᵐ25.

GIACOMELLI

21 — *Fauvette sur un rocher.*

Aquarelle.

H. 0ᵐ36. L. 0ᵐ26.

GIACOMELLI

22 — *Bouvreuils et leurs petits.*

Gouache.

H. 0ᵐ37. L. 0ᵐ27

GIACOMELLI

23 — *Pivert et ses petits.*

Aquarelle gouachée.

H. 0ᵐ42. L. 0ᵐ30.

GIACOMELLI

240 24 — Chardonneret auprès de son nid.

Aquarelle.

H. 0^m33. L. 0^m23.

GIACOMELLI

250 25 — Nursery.

Aquarelle.

H. 0^m23. L. 0^m30.

GIACOMELLI

485 26 — Oiseaux des îles dans leur cage.

Aquarelle gouachée.

H. 0^m17. L. 0^m48.

GIACOMELLI

280 27 — Les petits Prisonniers.

Aquarelle gouachée.

H. 0^m22. L. 0^m31.

GIACOMELLI

350 28 — Une Matinée de printemps.

Aquarelle.

H. 0^m25. L. 0^m38

GIACOMELLI

29 — *Coquetteries.*

Aquarelle.

H. 0ᵐ36. L. 0ᵐ20.

GIACOMELLI

30 — *Un Nid de Rouge-Gorge.*

Aquarelle.

H. 0ᵐ49. L. 0ᵐ22.

GIACOMELLI

31 — *Nid de Chardonneret.*

Aquarelle.

H. 0ᵐ35. L. 0ᵐ25.

GIACOMELLI

32 — *Nid de Pinson.*

Aquarelle.

H. 0ᵐ35. L. 0ᵐ25.

GIACOMELLI

33 — *Bouvreuil.*

Aquarelle.

H. 0ᵐ28. L. 0ᵐ14.

GIACOMELLI

34 — *Éventail.*

Aquarelle.

JACQUE (Charles)

35 — *Cour de ferme.*

Crayon noir rehaussé de blanc.

Ce dessin a été gravé à l'eau-forte par l'artiste.

H. 0ᵐ16. L. 0ᵐ25.

JACQUE (Charles)

36 — *La Cueillette des pommes.*

Aquarelle.

H. 0ᵐ21. L. 0ᵐ32.

JACQUE (Charles)

37 — *Le Poulailler.*

Dessin au fusain.

H. 0ᵐ21. L. 0ᵐ36.

JACQUE (Charles)

38 — *Troupeau en marche.*

Lavis à la sépia.

H. 0ᵐ23. L. 0ᵐ34.

MILLET (J.-F.)

39 — *Village près de Fontainebleau.*

Crayon noir.

H. 0ᵐ00. L. 0ᵐ00.

MONNIER (Henri)

40 — *Après les Élections.*

Aquarelle gouachée.

H. 0ᵐ14. L. 0ᵐ24.

MONNIER (Henri)

41 — *Si Bonaparte fut resté lieutenant d'artil-
lerie il serait encore sur le trône.*

Aquarelle gouachée.

H. 0ᵐ27. L. 0ᵐ23.

MONNIER (Henri)

42 — *Le Pharmacien, sergent-major, trésorier
de la fabrique.*

Aquarelle gouachée.

H. 0ᵐ20. L. 0ᵐ13.

MONNIER (Henri)

43 — *Les Diseurs de rien.*

Aquarelle gouachée.

H. 0ᵐ27. L. 0ᵐ20.

MONNIER (Henri)

44 — *En Toilette du Dimanche.*

Aquarelle gouachée.

H. 0m29. L. 0m17.

MONNIER (Henri)

45 — *Les Mains dans les poches.*

Aquarelle.

H. 0m19. L. 0m12.

MONNIER (Henri)

46 — *En Villégiature.*

Aquarelle.

H. 0m17. L. 0m10.

MONNIER (Henri)

47 — *Trois Portraits d'Hommes et un Portrait de Femme.*

A la mine de plomb.

Ce numéro sera divisé.

MORIN (Edmond)

48 — *Les Boulevards.*

Aquarelle.

H. 0m18. L. 0m11.

MORIN (Edmond)

49 — *L'Arrivée de la Châtelaine.*

Aquarelle gouachée.

H. 0m28. L. 0m38.

MORIN (Edmond)

50 — *Paysage par un temps de neige.*

Aquarelle gouachée.

H. 0m14. L. 0m28.

RAFFET

51 — *Le Toréador.*

Aquarelle.

H. 0m26. L. 0m20.

RAFFET

52 — *Chasseur catalan.*

Aquarelle.

H. 0m33. L. 0m22.

RAFFET

53 — *Musiciens arabes, à Tanger.*

Aquarelle.

H. 0m28. L. 0m20.

RAFFET

54 — *Port de Mer.*

Aquarelle.

H. 0^m23. L. 0^m32

RAFFET

55 — *Épisode de la Retraite de Russie.*

Encre de Chine rehaussée de blanc.

H. 0^m16. L. 0^m24.

RAFFET

56 — *Napoléon Ier à cheval.*

Encre de Chine.

H. 0^m11. L. 0^m16.

RAFFET

57 — *Épisode de la Révolution en 1848.*

Mine de plomb.

H. 0^m10. L. 0^m14.

RAFFET

58 — *Charles le Téméraire.*

Jolie aquarelle pour une illustration de Walter Scott.

H. 0^m13. L. 0^m11.

RAFFET

59 — *L'Exécution.*

Jolie aquarelle, d'une extrême finesse.

H. 0^m09. L. 0^m12.

RAFFET

60 — *Une Halte.*

Dessin à la sépia pour le *Voyage en Russie.*

H. 0^m11. L. 0^m14.

RAFFET

61 — *Paysans arméniens.*

Deux dessins à la mine de plomb.

RAFFET

62 — *La Halte.*

Sépia.

H. 0^m08. L. 0^m12.